CARLO MARIA MARTINI

WELCHE SCHÖNHEIT RETTET DIE WELT?

Carlo Maria Martini

Welche Schönheit rettet die Welt?

Reflexionen über den dreifaltigen Gott

VERLAG NEUE STADT
MÜNCHEN · ZÜRICH · WIEN

Ein Buch aus der Reihe:
Hilfen zum christlichen Leben

Titel der Originalausgabe: *Quale bellezza salverà il mondo?*

Übersetzung aus dem Italienischen:
Stefan Liesenfeld

Die Deutsche Bibliothek – CIP-Einheitsaufnahme
Ein Titeldatensatz für diese Publikation ist bei
Der Deutschen Bibliothek erhältlich.

2000, 1. Auflage

Umschlaggestaltung und Satz: Neue-Stadt-Graphik
Druck: Freiburger Graphische Betriebe, Freiburg i. Br.
ISBN 3-87996-509-9

Inhalt

Einführung

Während ich mich daran gebe, diesen Pastoralbrief zum Anbruch des neuen Jahrtausends zu schreiben, klopfen viele, ja allzu viele Themen an die Tür meines Herzens. Wenigstens die wichtigsten möchte ich nennen.

An der Schwelle zwischen zwei Jahrhunderten und zwei Jahrtausenden denken wir an das Geschenk der Menschwerdung des Sohnes Gottes. In diesem historischen Moment liegt es nahe, *über die Bedeutung der Zeit und der Geschichte nachzudenken*. Wo stehen wir heute, nach 2000 Jahren? Wie wurde Jesus, das große Geschenk Gottes, bisher angenommen? Wie haben wir ihn aufgenommen, wir, die wir an ihn glauben? Welche Bedeutung könnte der Schritt in ein neues Jahrtausend haben? Die letzte Frage gewinnt dramatische Aktualität durch die jüngsten kriegerischen Auseinandersetzungen auf dem Balkan. Auf furchtbare, gewaltsame Weise ist wieder einmal der Hass unter Völkern ausgebrochen; mit schlimmen Ereignissen endet das 20. Jahrhundert. Haben wir nichts aus den tragischen Lektionen der beiden Weltkriege, aus den Völkermorden und dem Zusammenbruch der Ideologien gelernt?

Papst Johannes Paul II. hat uns eingeladen zu einer Besinnung auf die Geschichte *im Licht des Geheimnisses der Dreifaltigkeit*. Dieses Geheimnis ist die Mitte und das Herzstück der christlichen Offenbarung. In dem dreijährigen Vorbereitungszyklus auf das Jahr 2000 hat die Kirche je ein Jahr Jesus Christus, dem Sohn Gottes, dem Heiligen Geist und dem Vater gewidmet. Das Jahr 2000 soll geprägt sein vom Gedanken an den dreifaltigen Gott (vgl. das Päpstliche Schreiben *Tertio Millennio Adveniente*, Nr. 55). Was könnte eine Betrachtung dieses göttlichen Geheimnisses, von dem alles ausgeht und auf das alles zustrebt, beinhalten? In welcher Weise kann es unser Leben erreichen? Können wir darin eine Hilfe finden, um optimistischer und gelassener in das neue Jahrtausend hineinzugehen?

All diese Fragen fallen in einen ganz bestimmten kulturellen und gesellschaftlichen Kontext: die westliche Welt. Sie scheint weithin geprägt von

Enttäuschung, Entmutigung und Lethargie. Indizien sind – im zivilen Bereich – der Geburtenrückgang und – im kirchlichen – die „Krise der Berufungen". Was könnte uns in dieser Situation neue Anstöße geben, einen Richtungswandel einleiten, einen Horizont der Hoffnung eröffnen und neue Freude wecken?

Vor diesem Hintergrund können die vielfältigen weltweiten, nationalen, regionalen und diözesanen Initiativen zum großen Jubiläum des Jahres 2000 zur Chance werden. Tun wir sie nicht als Sammelsurium diverser Veranstaltungen und Aktivitäten ab, sondern richten wir den Blick auf die verbindende Mitte, die allen Initiativen zugrunde liegt: Es geht um einen Weg der Reue und Umkehr; es könnte eine lichtvolle Etappe auf dem großen Weg der Menschheit zum Vater werden.

Von vielen Seiten angeregt, habe ich mit den verschiedenen diözesanen Räten lange nach einem zusammenfassenden Wort, einem verbindenden Bild, einer geeigneten „Ikone" gesucht. Angesichts der Fülle an Themen war es eine durchlittene Suche: Wie soll man sie überzeugend verknüpfen? Eine Frage aus Dostojewskijs Roman „Der

Idiot" kam mir in den Sinn, und sie hat mich nicht mehr losgelassen. Da fragt der Atheist Ippolit Fürst Myschkin:

> „Ist es wahr, Fürst, dass Sie einmal sagten, die ‚Schönheit' werde die Welt erlösen? Meine Herrschaften", rief er plötzlich mit lauter Stimme der ganzen Gesellschaft zu, „der Fürst behauptet, die Schönheit werde die Welt erlösen! Ich aber behaupte, dass er auf so sinnige Gedanken bloß kommt, weil er verliebt ist. ... Was für eine Schönheit soll die Welt retten?"[1]

Der Fürst blickt Ippolit aufmerksam an; doch die Frage beantwortet er nicht (so wie Jesus seinerzeit die Frage des Pilatus: Was ist Wahrheit? unbeantwortet ließ; vgl. Joh 19,38). Mit grenzenlosem, liebevollem Mitleid steht Myschkin an der Seite des 18-jährigen schwindsüchtigen Jungen, der im Sterben liegt. Fast hat es den Anschein, als wolle sein Schweigen sagen: Die Schönheit, die die Welt erlöst, ist die Liebe, die den Schmerz teilt.

Die Schönheit, von der ich sprechen möchte, ist nicht jene verführerische, die unser unruhiges Herz von seinem eigentlichen Ziel wegführt.

Es ist vielmehr jene „alte und immer neue Schönheit", von der Augustinus nach seiner Bekehrung bekennt, dass sich auf sie seine geläuterte Liebe richte:

„Spät habe ich dich geliebt,
o alte und immer neue Schönheit,
spät habe ich dich geliebt!"[2]

Es ist die Schönheit, die den Hirten auszeichnet, der uns mit Festigkeit und liebevoller Behutsamkeit auf Gottes Wege führt: Johannes nennt ihn in seinem Evangelium den guten (*wörtlich:* den schönen) Hirten, der das Leben für seine Schafe gibt (vgl. Joh 10,11).

Es ist die Schönheit, auf die sich der heilige Franz von Assisi in seinem *Lob des Allerhöchsten* bezieht, in dem er den ewigen Gott anruft mit den Worten: „Du bist die Schönheit!"[3]

Es ist jene Schönheit, von der Johannes Paul II. in seinem Brief an die Künstler (4. April 1999) schrieb: „Bei der Feststellung, dass alles, was er geschaffen hatte, gut war, sah Gott auch, dass es schön war. ... Die Schönheit ist gleichsam der sichtbare Ausdruck des Guten, so wie das Gute die metaphysische Voraussetzung der Schönheit ist“ *(Nr. 3)*.

Es ist die Schönheit, vor der „sich das Gemüt einer gewissen Veredelung und Erhebung über die bloße Empfänglichkeit einer Lust durch Sinneneindrücke bewusst ist“ (Immanuel Kant, Kritik der Urteilskraft, § 59).

Es geht also nicht um eine bloß formale, äußere Eigenschaft, sondern ein Moment des Seins selbst, auf das Begriffe wie *Herrlichkeit* (ein biblisches Wort, das am besten die sich manifestierende „Schönheit“ Gottes wiedergibt), *Glanz, Faszination* verweisen: Diese Schönheit ist dasjenige, was freudiges Angezogensein hervorruft, eine willkommene Überraschung, glühende Hingabe, Sich-Verlieben, Begeisterung. Sie ist das, was die Liebe in der geliebten Person entdeckt: Intuitiv erfasst sie den anderen als jemand, der es wert ist, sich ihm zu schenken; für den geliebten Menschen ist man wie von selbst bereit, von sich abzusehen und sich selbst aufs Spiel zu setzen.

Auch heute noch vermag uns die Frage nach *dieser* Schönheit in hohem Maße zu stimulieren.

„Welche Schönheit wird die Welt erlösen?" Es ist nicht damit getan, all das Böse und Hässliche in unserer Welt zu beklagen und anzuklagen. Es ist in unserer ernüchterten Epoche auch nicht damit getan, von Gerechtigkeit, von Pflichten, vom Gemeinwohl, von Pastoralprogrammen, von Forderungen des Evangeliums zu reden.[4] Wenn wir davon sprechen wollen, dann mit einem Herzen voll leidenschaftlicher Liebe. Wir müssen jene Liebe erfahren, die freudig gibt und begeistert; wir müssen die Schönheit dessen, was wahr und richtig im Leben ist, ausstrahlen; denn nur diese Schönheit kann Menschen innerlich erfassen und auf Gott ausrichten. Kurz: Es geht darum zu verstehen, was Petrus vor dem verklärten Christus aufgegangen ist: „Herr, es ist schön, dass wir hier sind!" (Mt 17,4), und was Paulus angesichts seiner Aufgabe, die Frohe Botschaft zu verkündigen, empfand: „Wie sind die Freudenboten willkommen [*wörtlich:* Wie schön sind die Füße der Freudenboten], die Gutes verkündigen", schreibt er im Römerbrief (10,15), ein Wort des Jesaja zitierend (Jes 52,7).

Für den, der sich von Gott geliebt weiß und sich müht, in den verschiedenen Prüfungen und Anfechtungen des Lebens und der Geschichte solidarisch und treu die Liebe zu leben, wird es *schön*, in unserer Zeit zu leben. Und dies, obwohl sie uns so sehr von Hässlichem, von quälenden, schmerzlichen Situationen und Ereignissen gezeichnet scheint. Er wird versuchen, die ungelösten Fragen, das Schmerzliche, Unbegreifliche zu deuten. Und er stellt fest: Es ist *schön*, in der Geschichte die Zeichen der dreifaltigen Liebe zu suchen; es ist *schön*, Jesus nachzufolgen und seine Kirche zu lieben; es ist *schön*, die Welt und unser Leben im Licht des Kreuzes zu lesen; es ist *schön*, das Leben hinzugeben für die Schwestern und Brüder! Es ist *schön*, die eigene Existenz auf den zu setzen, der nicht nur die Wahrheit selbst, der nicht nur das höchste Gut ist, sondern auch der einzige, der uns die göttliche Schönheit offenbart. Und nach ihr hat unser Herz tiefe Sehnsucht und drängendes Verlangen.

Die Episode von der Verklärung Jesu soll uns als Leitfaden unserer Reflexion dienen. Sie bietet sich an als „Ikone", die alles umfasst und verbindet, was ich bislang angerissen habe:

– In den Jüngern, die mit Jesus *auf den Berg steigen* und alles mitnehmen, was sie persönlich und gemeinsam umtreibt, ihre Sorgen und bedrückenden Fragen, können wir unsere eigenen Fragen und Nöte wiederfinden: die Fragen nach der Bedeutung der Zeit, die Angst und Beklemmung angesichts der Gewalt und der zahllosen Tragödien des 20. Jahrhunderts, die Frage nach den Konsequenzen, die sich daraus ergeben.

– *Auf dem Berg* machen die Jünger die außerordentliche, *schöne* Erfahrung der Offenbarung des Vaters und des geliebten Sohnes in der „Wolke" des Heiligen Geistes. Dort kann sich zeigen, wie ihre und unsere Fragen mit dem dreifaltigen Geheimnis zusammenhängen. Dieser Zusammenhang, diese Beziehung kann uns helfen, zu der Gesamtschau zu kommen, die wir auf unserem Weg brauchen.

– In den Jüngern, die innerlich verwandelt (gewissermaßen ebenfalls „verklärt") *vom Berg hinabsteigen*, können wir auch ein Bild für uns sehen: Wir alle sind gerufen, uns auf den Weg zu machen, unseren Glauben, unsere pastoralen Aktivitäten und die Initiativen im Zusammenhang mit dem Jubiläum mit offenem, weitem Herzen zu leben. Wichtig ist unsere entschlossene, ernsthafte Bemühung um Umkehr und Erneuerung.

In diesem Dreischritt werden wir die Episode von der Verklärung einer Relecture unterziehen: Aufstieg auf den Berg (1. Kapitel), Offenbarung auf dem Berg (2. Kapitel), Abstieg vom Berg (3. Kapitel). Das beherrschende Thema wird die Schönheit der dreifaltigen Offenbarung sein, wie sie aus den Erzählungen der Synoptiker (Mt 17,1-10; Mk 9,2-8; Lk 9,28-37) aufscheint (vgl. die Synopse S. 23). Doch bevor wir uns mit den Jüngern auf den Weg begeben, scheint mir eine Vorbemerkung nötig.

Vorbemerkung: Zur Methode

Mich beschäftigt eine Frage: Wie kann ich die Leser teilhaben lassen an meinem eigenen Suchen und Ringen, an der Mühe beim Verfassen dieser Seiten? Wie lässt es sich bewerkstelligen, dass die tiefere Kenntnis der Dreifaltigkeit, um die es hier geht, zu einer wirklichen geistlichen Erfahrung wird? Dazu genügt es nicht, die Lehre klar und deutlich darzulegen, die man in den einschlägigen Katechismen nachlesen kann.[5] Das Geheimnis der Dreifaltigkeit verlangt danach, dass man sich selbst in sie hineinnehmen lässt, und dazu gehört auch das Ja zum Leiden.

Es gibt verschiedene Zugänge zum Mysterium der Dreifaltigkeit. Eine klassische Methode setzt an bei der Betrachtung Gottes in seinem Geheimnis der Einheit und Dreiheit, untersucht die Beziehungen zwischen den göttlichen Personen, erkennt einen Widerschein ihrer Gemeinschaft in den menschlichen Gemeinschaften, angefangen bei der Familie. Die Dreifaltigkeit erscheint als Modell interpersonaler Beziehungen und kann zu einem rechten Verständnis der Gesellschaft und besonders der Kirche verhelfen.

Gängiger ist heute der heilsgeschichtliche Zugang: Man betrachtet die Dreifaltigkeit, wie sie sich in der Abfolge heilsgeschichtlicher Ereignisse manifestiert. In deren Zentrum steht das Geheimnis der Menschwerdung: Gott offenbart sich als Vater, indem er uns den Sohn sendet; der Sohn offenbart seine Einheit mit dem Vater, indem er sich ganz und gar auf ihn verlässt und sich bis in den Tod hinein seinem Willen anheimgibt; der Sohn gibt den Geist, der seine Gegenwart unter den Menschen weiterführt. So zeigt sich, ausgehend vom Pascha-Geheimnis, von Tod und Auferstehung, Gott als Vater, Sohn und Heiliger Geist.

Als ich diese verschiedenen Zugänge, die einander nicht ausschließen, sondern ergänzen, bedachte, gewann ich den Eindruck, dass wir einen anderen Weg beschreiten sollten: den Weg eines persönlicheren Erkennens in einer tiefen, inneren Aneignung. Eine Erkenntnis der Dreifaltigkeit, die uns in Glaube, Hoffnung und Liebe einen

Schritt voran bringt. Eine Erkenntnis, die etwas kostet, eine Selbst-Überwindung, die Raum schafft für die Gotteserkenntnis. Eine Erkenntnis, die ein Verstehensschlüssel ist für Zeit und Geschichte wie für unser Ich und das „Wir" der Kirche von heute, eine Erkenntnis, die dies alles im Lichte des Paulus-Wortes begreift, dass wir „um einen teuren Preis" erkauft wurden (1 Kor 6,10; 7,23).

Wenn es stimmt, dass eine rein „objektive" Gotteserkenntnis nicht möglich ist, dass man ihn vielmehr nur erkennen kann, wenn man in Beziehung tritt und sich ihm schenkt, dann ist der Zugang kein anderer als der Zugang Jesu – dieses Jesus, der liebt und sich vorbehaltlos hingibt.

Von Jesus, dem Sohn, ausgehend möchten wir also in das Mysterium der Dreifaltigkeit eintreten. Und zwar in einer inneren Bewegung, die einen als Person ganz und gar beansprucht. Jesus hat gesagt:

> „Niemand kennt den Vater,
> nur der Sohn und der,
> dem es der Sohn offenbaren will."
> *(Mt 11,27)*

Die Erkenntnis des Vaters führt über die Erkenntnis, die der Sohn von ihm hat. Darum müssen wir „eintreten" in seine Erfahrung.

* * *

Die Erfahrung Jesu, sein Verhältnis zum Vater kommt vor allem in zwei Haltungen zum Ausdruck: in der Dankbarkeit und in der vertrauensvollen Hingabe.

Von seiner *Dankbarkeit* zeugen Stellen wie: „Ich preise dich, Vater, Herr des Himmels und der Erde ..." (Mt 11,25) oder „Vater, ich danke dir, dass du mich erhört hast" (Joh 11,41). Teilhaben an der Dankbarkeit Jesu bedeutet, wie er alles vom Vater zu empfangen und ihn für alles preisen zu können. Leben im Geist der Dankbarkeit, in der kindlichen Freude über alles, was uns zuteil wird, auch wenn es unseren eigenen Erwartungen zuwiderläuft: das ist der Zugang zu jener Erkenntnis, die Jesus von seinem Vater hat. In ihm „leben" wir etwas vom trinitarischen Geheimnis.

Die *vertrauensvolle Hingabe* Jesu zeigt sich in Texten wie: „Nicht wie ich will, sondern wie du willst" (Mt 26,39); „Vater, in deine Hände lege ich meinen Geist" (Lk 23,46). Das letzte Zitat ist zu lesen im Licht von Mt 27,47: „Mein Gott, mein Gott, warum hast du mich verlassen?" In diesen Augenblicken der Passion bringt Jesus sein äußerstes, völliges Vertrauen auf den Vater zum Ausdruck, von dem er sich doch verlassen fühlt. Wenn wir eine ähnliche Erfahrung machen wie er, wenn wir so ganz tief in sein Herz eindringen, dann können wir sagen: Ja, dadurch, dass wir die Empfindungen des Sohnes durchlebt haben, haben wir den Vater etwas besser kennengelernt.

In manchen Momenten des Lebens verlangt eine derartige Erfahrung eine heroische Hingabe. Wir spüren in aller Deutlichkeit, dass es nicht in unserer Kraft liegt, wie Jesus zu leben und zu empfinden. Da sind wir ganz auf den Heiligen Geist angewiesen; nur er kann uns dahin führen.

So bleibt die Dreifaltigkeit kein abstraktes Denkgebäude und auch nicht eine Aneinanderreihung von Erzählungen, sondern wird eine lebendige, erfahrbare Wirklichkeit. Wir sind ergriffen vom göttlichen Mysterium, vibrieren im Einklang mit ihm. Von dieser Mitte aus können wir die Fragen über die Welt und über die Geschichte neu bedenken – nicht um Antworten zu bekommen, die wiederum bloß theoretisch blieben und mit uns selbst nichts zu tun hätten. Von dieser Mitte aus werden wir vielmehr intuieren, wie wir einbezogen sein können in die Leidenschaft der Liebe und des Erbarmens, mit der die Dreifaltigkeit die Welt erschaffen hat und liebt, um sie ihrer Vollendung entgegenzuführen.

Die vorliegenden Seiten wurden durchlebt, bevor sie niedergeschrieben wurden. Sie sind aus dem Bemühen erwachsen, sich vom Heiligen Geist bewegen zu lassen, um in das Herz des Sohnes einzutreten und so den Vater tiefer kennenzulernen. Mit der Veröffentlichung und Verbreitung verfolge ich nur dieses eine Ziel: möglichst vielen zu helfen, den genannten Weg selbst zu gehen.

Nach diesen einführenden Bemerkungen können wir uns nun der *lectio divina*, der geistlichen Schriftlesung, widmen und die Erzählung von der Verklärung Jesu betrachten.

Die Verklärung Jesu

Mt 17,1-8	Mk 9,2-8	Lk 9,28-36
1 Sechs Tage danach nahm Jesus Petrus, Jakobus und dessen Bruder Johannes beiseite und führte sie auf einen hohen Berg. 2 Und er wurde vor ihren Augen verwandelt; sein Gesicht leuchtete wie die Sonne, und seine Kleider wurden blendend weiß wie das Licht.	2 Sechs Tage danach nahm Jesus Petrus, Jakobus und Johannes beiseite und führte sie auf einen hohen Berg, sie allein. Und er wurde vor ihren Augen verwandelt; 3 seine Kleider wurden strahlend weiß, so weiß, wie sie auf Erden kein Bleicher machen kann.	28 Etwa acht Tage nach diesen Reden nahm Jesus Petrus, Johannes und Jakobus beiseite und stieg mit ihnen auf einen Berg, um zu beten. 29 Und während er betete, veränderte sich das Aussehen seines Gesichtes, und sein Gewand wurde leuchtend weiß.
3 Da erschienen plötzlich vor ihren Augen Mose und Elija und redeten mit Jesus.	4 Da erschien vor ihren Augen Elija und mit ihm Mose, und sie redeten mit Jesus.	30 Und plötzlich redeten zwei Männer mit ihm. Es waren Mose und Elija; 31 sie erschienen in strahlendem Licht und sprachen von seinem Ende, das sich in Jerusalem erfüllen sollte. 32 Petrus und seine Begleiter aber waren eingeschlafen, wur-

		den jedoch wach und sahen Jesus in strahlendem Licht und die zwei Männer, die bei ihm standen.
4 Und Petrus sagte zu ihm: Herr, es ist schön, dass wir hier sind. Wenn du willst, werde ich hier drei Hütten bauen, eine für dich, eine für Mose und eine für Elija.	5 Petrus sagte zu Jesus: Rabbi, es ist schön, dass wir hier sind. Wir wollen drei Hütten bauen, eine für dich, eine für Mose und eine für Elija.	33 Als die beiden sich von ihm trennen wollten, sagte Petrus zu Jesus: Meister, es ist schön, dass wir hier sind. Wir wollen drei Hütten bauen, eine für dich, eine für Mose und eine für Elija.
	6 Er wusste nämlich nicht, was er sagen sollte; denn sie waren vor Furcht ganz benommen.	Er wusste aber nicht, was er sagte.
5 Noch während er redete, warf eine leuchtende Wolke ihren Schatten auf sie, und aus der Wolke rief eine Stimme: Das ist mein geliebter Sohn, an dem ich Gefallen gefunden habe; auf ihn sollt ihr hören. 6 Als die Jünger das hörten, bekamen sie	7 Da kam eine Wolke und warf ihren Schatten auf sie, und aus der Wolke rief eine Stimme: Das ist mein geliebter Sohn; auf ihn sollt ihr hören.	34 Während er noch redete, kam eine Wolke und warf ihren Schatten auf sie. Sie gerieten in die Wolke hinein und bekamen Angst. 35 Da rief eine Stimme aus der Wolke: Das ist mein geliebter

große Angst und warfen sich mit dem Gesicht zu Boden. 7 Da trat Jesus zu ihnen, fasste sie an und sagte: Steht auf, habt keine Angst!		Sohn, auf ihn sollt ihr hören.
8 Und als sie aufblickten, sahen sie nur noch Jesus.	8 Als sie dann um sich blickten, sahen sie auf einmal niemand mehr bei sich außer Jesus.	36 Als aber die Stimme erklang, war Jesus wieder allein. Die Jünger schwiegen jedoch über das, was sie gesehen hatten, und erzählten in jenen Tagen niemand davon.

I

Welche Schönheit rettet die Welt?

Der Aufstieg zum Tabor und die Fragen der Jünger

Sechs Tage, nachdem den Aposteln eine baldige geheimnisvolle Manifestation des Menschensohns verheißen wurde, lädt Jesus sie ein, mit ihm auf den Berg zu steigen (vgl. Mt 17,1). Die Fragen, die sie im Herzen haben, werden immer bedrängender. Im Zusammensein mit Jesus konfrontieren sie ihre bisherige Sicht des Lebens und der Geschichte mit dem, was *er* tut und lehrt, und sie fragen sich: In welcher Weise entspricht dieser Meister, der eine solche Faszination ausübt, den Heilsverheißungen Gottes an sein Volk? Wie kann ein so gütiger Mensch in einer so schlechten Welt Ordnung schaffen? Was bedeutet seine Ankündigung, er werde „vieles erleiden" und „getötet werden" (vgl. Mt 16,21-23); welchen Sinn hat dieses Schicksal, sein Scheitern, sein Tod?

Unwillkürlich gewinnt man den Eindruck, dass die gleichen Fragen heute wieder wach werden. Es sind die Fragen, die sich auch uns Christen an der Schwelle zum dritten Jahrtausend stellen: Wie kann die „sanftmütige Schönheit" des auferstandenen Gekreuzigten dieser zynischen, grausamen Menschheit Heil bringen? Die Frage, die Dostojewskij vor hundert Jahren Ippolit in den Mund legte, hallt heute vielfältig wider:

– angesichts des geschichtlichen Kontextes, in dem wir leben. Der Balkankrieg hat Wunden wieder aufgerissen, die wir zumindest in Europa für immer geheilt glaubten;
– angesichts der Mühe und Müdigkeit, die viele Gläubige empfinden, wenn sie versuchen, trotz des Bösen in der Welt mit Überzeugung und Begeisterung vom Grund ihrer Hoffnung zu sprechen;
– angesichts der weitverbreiteten Entmutigung und Frustration. Wir alle sind mehr oder weniger versucht, ihr anheimzufallen, wenn wir die Banalität des Alltags, all das Unschöne im Leben wahrnehmen und nicht imstande sind, gerade dies als Impuls zu begreifen, uns auf etwas Größeres auszurichten, für das sich unser ganzer Einsatz lohnt.

Das Szenarium der Zeit:
Das „nicht mehr kurze Jahrhundert"

Die Ereignisse des Jahres 1999 auf dem Balkan haben ein verbreitetes Urteil über das 20. Jahrhundert zunichte gemacht: Man hatte es als „das kurze Jahrhundert" (Eric Hobsbawm) bezeichnet, das mit dem Schicksalsjahr 1989 seinen Abschluss gefunden habe. Die endgültig überwunden geglaubten Gräueltaten, die dieses Jahrhundert gezeichnet haben, sind wiedergekehrt: Krieg, Völkermord, Zerstörung, Tod. Das Jahrhundert, das sich mit der Krise der Ideologien zu schließen schien, ist bis zum Schluss durchzogen von ideologischen Barrieren und Gegensätzen, wie wir sie aus der Zeit der Weltkriege und dem jahrzehntelangen Kalten Krieg kennen. So gesehen könnten wir das 20. Jahrhundert als das „nicht mehr kurze Jahrhundert" bezeichnen. Vermeintlich überwundene Ideologien üben mit ihren Denkmustern weiterhin Einfluss aus – auf die Entscheidungen Einzelner und ganzer Völker. Und weiterhin führt dies zu immer neuen, schrecklichen Gewalttaten. Und wir wissen alle, dass die Vorkommnisse auf dem Balkan nur eine von vielen Tragödien sind, unter denen zahlreiche Länder, vor allem in Afrika, leiden.

Offenkundig werden an der Jahrtausendwende, in dem Jahr, in dem die Kirche uns zu einer Betrachtung der vom dreifaltigen Gott umfangenen Zeit einlädt, die alten dramatischen Fragen wieder wach, die aus dem Schmerz, aus dem menschlichen Leid aufbrechen: Welchen Sinn hat die Geschichte? Wie zeigt sich Gott im Tragischen? Warum scheint der barmherzige Vater angesichts des Leidens seiner Geschöpfe zu schweigen? Warum lässt er all diesen Hass, all diese Gewalt unter ihnen zu?

Das Szenarium des menschlichen Herzens: Die Schwierigkeit, Heil und Geschichte zusammenzubringen

Es scheint uns aufgegeben, in einer Betrachtung des Glaubens das *Heute menschlichen Schmerzes* mit dem *Heute Gottes*, des Erlösers, in Verbindung zu bringen. Gerade jetzt, da wir seine Geburt, sein Kommen in unsere Welt vor 2000 Jahren feiern. Wir blicken zurück auf eine Geschichte, deren tragisches Potenzial in den jüngsten kriegerischen Auseinandersetzungen wieder einmal virulent geworden ist.

Wie lassen sich diese zwei Jahrtausende zusammenfassend deuten? Wir versuchen sie zu verstehen im Licht der Offenbarung der dreifaltigen Liebe, die sich im Pascha, in der Auferstehung des Gekreuzigten, vollendet hat. Dieses Pascha-Geheimnis enthüllt uns den Sinn der Geschichte: Es ist eine Geschichte, die ausgerichtet ist auf den endgültigen Sieg Gottes, der in der Auferstehung des Gekreuzigten vorweggenommen und verheißen ist. Und dennoch fällt es den Gläubigen schwer, „jedem Rede und Antwort zu stehen, der nach der Hoffnung fragt“, die sie erfüllt (1 Petr 3,15).

Darum tut es Not, das Wort von der tröstenden Nähe Gottes zu hören, das uns das Pascha zuspricht. In der Auferstehung des Gekreuzigten wird es offenbar: So sehr hat Gott die Welt geliebt, dass er uns seinen eingeborenen Sohn geschenkt hat (vgl. Joh 3,16). In der Gabe des Sohnes an die Welt offenbart sich der Vater als die Liebe:

> „Gott ist die Liebe. Die Liebe Gottes wurde unter uns dadurch offenbart, dass Gott seinen einzigen Sohn in die Welt gesandt hat, damit wir durch ihn leben. Nicht darin besteht die Liebe, dass wir Gott geliebt haben, sondern dass er uns geliebt und seinen Sohn als Sühne für unsere Sünden gesandt hat.“
> *(1 Joh 4,8-10)*

Angesichts dieser Liebe Gottes kann sich ein jeder die Worte des Petrus zu eigen machen, der auf dem Berg der Verklärung bei der Offenbarung der Dreifaltigkeit ausruft: „Es ist schön, dass wir hier sind!"

In dieser am Kreuz offenbarten Liebe können wir die erlösende Schönheit erkennen.

Diese Liebe kann sich allen Suchenden, gläubigen und nichtgläubigen, als die Schönheit zeigen, die die Welt rettet.

Diese Liebe, diese Schönheit schenkt sich uns als Licht und Kraft – auch in dem fragmentarischen, leidvollen Wirrwarr unserer Zeit.

In der „Kontemplation" des Ostergeheimnisses finde ich eine Chiffre, einen Verstehensschlüssel für meinen nunmehr zwanzig Jahre dauernden Weg als Bischof. Miteinander haben wir uns dabei bemüht, die Geschichte im Licht der Dreifaltigkeit und die Dreifaltigkeit in den Ereignissen dieser Welt zu betrachten.

Die Negierungen der Schönheit und die Frage nach dem Sinn des Lebens und der Geschichte

Was uns treibt, so intensiv nach der im Pascha offenbarten Schönheit Gottes zu suchen, ist auch ihr Gegenteil: ihre vielfältige Negierung.

Negiert wird die wahre Schönheit überall dort, wo das Böse zu triumphieren scheint, wo Gewalt und Hass an die Stelle der Liebe treten und Unterdrückung die Gerechtigkeit begräbt.

Negiert wird die wahre Schönheit aber auch da, wo keine Freude mehr herrscht, besonders dort, wo die Gläubigen innerlich kapitulieren vor der erdrückenden Präsenz des Bösen, wo dem Glaubensleben die Begeisterung fehlt und diejenigen, die an den Herrn der Geschichte glauben und ihm folgen, kraftlos und ohne Ausstrahlung wirken.

Ich nehme an, dass sich an dieser Stelle der eine oder andere unter den Leser/innen fragt: Ich möchte den Herrn lieben, aber kann ich von *mir* sagen, dass ich etwas von ihm ausstrahle?

Manchmal lasten körperliches oder seelisches Leid oder auch eine innere Prüfung so schwer auf einem Menschen, dass er den Eindruck hat, nichts von der Freude des Evangeliums vermitteln zu können. Doch wer „im Herzen liest", kann auch dann den tiefen Frieden entdecken, der schweigend Zeugnis gibt vom Sinn eines Christus geschenkten Lebens. Nicht solche Prüfungen meine ich, wenn ich von der Negierung der Schönheit spreche. Ich denke vielmehr an eine subtile, um sich greifende Haltung, die das Leben vieler Gläubigen und Nichtgläubigen bestimmt: eine Mittelmäßigkeit, ein egoistisches Kalkül, das alle Großherzigkeit erstickt, eine leere Routine anstelle wirklicher Treue, welche sich im Herzen wie im praktischen Leben immer wieder als etwas Neues zeigt.

Als Gläubige sollten wir uns fragen, ob die Kirche, an der wir jeden Tag mitbauen, *schön* ist, ob sie etwas von der Schönheit Gottes ausstrahlt.

Diejenigen, die sich die gegenseitige Treue in der ehelichen Liebe versprochen haben, können sich einmal fragen, ob – inmitten aller Last, die zwangsläufig zum Leben gehört – etwas aufleuchtet von der Schönheit der gegenseitigen Hingabe.

Die Priester und Ordensleute sollten sich einmal prüfen, ob nicht hier und da durch Gewohnheit oder unvermeidliche Enttäuschungen die Begeisterung des Anfangs erloschen ist. Auch dies ist eine Negierung der Schönheit, und wohl nichts ist trauriger, als wenn der sie verursacht, der berufen ist, mit seinem ganzen Leben Zeuge der gekreuzigten Liebe und so ein Apostel der erlösenden Schönheit zu sein.

Bevor ich mit dem ersten Teil zu Ende komme, drängt sich mir noch eine andere Frage auf. Sie betrifft die junge Generation, die ja ebenfalls berufen ist, die Schönheit Gottes und die Schönheit eines Lebens nach dem Evangelium zu entdecken. Unter welchen Bedingungen müssen sie diesen Ruf vernehmen? Wie ist es in einer vom Konsumismus geprägten Welt, in der man meint, alles kaufen zu können, möglich, sich nicht vom Äußerlichen, Oberflächlichen täuschen zu lassen? Wie kann man sich da für das entscheiden, was Wert hat und Opfer verlangt? Wie kann man jungen Menschen verstehbar machen, dass die Berufung zur Schönheit über eine mutige Aszese des Geistes und des Herzens führt?

Ich bin überzeugt: Das „gute (wörtlich: das *schöne*) Zeugnis“ (1 Tim 6,13) dessen, der aus Liebe zu einem jeden von uns sein Leben gegeben hat, ist imstande, die schwierigen Rahmenbedingungen und Einflüsse auch unserer Zeit zu überwinden. Wenn Jesu Zeugnis, wie die Heilige Schrift es uns vermittelt, reflektiert und in der geistlichen Schriftlesung verinnerlicht wird, dann wird es seine Kraft entfalten. Wenn es im Leben so vieler Zeugen unserer Tage (von Maximilian Kolbe bis zu Mutter Teresa) Gestalt annimmt, dann kann es auch heute Menschen für die wahre Schönheit Gottes begeistern.

II

Die Offenbarung der erlösenden Schönheit

Die Verklärung, die Dreifaltigkeit und das Geheimnis von Jesu Tod und Auferstehung

Mit den Jüngern haben wir Jesus auf den Berg begleitet – und wir haben ihre und unsere Fragen zur Sprache gebracht. Was wird uns der Herr antworten?

Jesus gibt auf dem Berg keine Antwort. Er wird verklärt.

> „Sechs Tage danach nahm Jesus Petrus, Jakobus und Johannes beiseite und führte sie auf einen hohen Berg, aber nur sie allein. Und er wurde vor ihren Augen verwandelt; seine Kleider wurden strahlend weiß, so weiß, wie sie auf Erden kein Bleicher machen kann. Da erschien vor ihren Augen Elija und mit ihm Mose, und sie redeten mit Jesus. Petrus sagte zu Jesus: Rabbi, es ist gut (wörtlich: schön), dass wir hier sind. Wir wollen drei Hütten bauen, eine für dich, eine für Mose und eine für Elija." *(Mk 9,2-5)*

Nach der Erzählung des Lukas haben auch Mose und Elija an der Schönheit Jesu teil:

> „Sie erschienen in strahlendem Licht."
> *(Lk 9,31)*

Der „Berg" ist in der Bibel der Ort der Offenbarung, der neue Sinai, wo Gott zu seinem Volk spricht. Jesus ist das Gesetz in Person, die Fleisch gewordene Tora, die sich im Glanz des göttlichen Lichtes offenbart, die lebendige Wahrheit. Dafür stehen die beiden Zeugen par excellence: Mose und Elija, die das Gesetz bzw. die Propheten verkörpern. Auf die Jünger, die das erleben, wirkt das nicht nur wahr und gut, sondern auch „schön": Die Faszination der Wahrheit und des Guten leuchtet auf, die Schönheit Gottes, der sich ihnen zeigt und schenkt.

Das Erleben dieser Schönheit ist in der Erzählung mit der geheimnisvollen Offenbarung der Dreifaltigkeit verbunden:

> „Da kam eine Wolke und warf ihren Schatten auf sie, und aus der Wolke rief eine Stimme: Das ist mein geliebter Sohn; auf ihn sollt ihr hören." *(Mk 9,7)*

Die Wolke und der Schatten stehen für den Geist Gottes. Die Stimme, die aus der Wolke ruft, ist die Stimme des Vaters, und Jesus wird „der Sohn, der Geliebte" genannt: Es ist also die Dreifaltigkeit, die sich den Jüngern mitteilt. Die Schönheit, von der Petrus in seinem spontanen Ausruf spricht, ist die Schönheit der göttlichen Dreifaltigkeit.

In der Erzählung des Lukas-Evangeliums finden wir einen ausdrücklichen Hinweis darauf, wo sich die Offenbarung der Dreifaltigkeit vollendet: im Pascha-Ereignis:

> „Sie sprachen von seinem Ende,
> das sich in Jerusalem erfüllen sollte."
> *(Lk 9,31)*

Bei den anderen Synoptikern erfolgt der Hinweis auf dieses Geschehen im Kontext des Abstiegs vom Berg:

> „Während sie den Berg hinabstiegen, gebot ihnen Jesus: Erzählt niemand von dem, was ihr gesehen habt, bis der Menschensohn von den Toten auferstanden ist. Da fragten ihn die Jünger: Warum sagen denn die Schriftgelehrten, zuerst müsse Elija kommen? Er gab zur Antwort: Ja, Elija kommt, und er wird alles wiederherstellen. Ich sage euch aber: Elija ist schon gekommen, doch sie haben ihn nicht erkannt, sondern mit ihm gemacht, was sie woll-

ten. Ebenso wird auch der Menschensohn durch sie leiden müssen."
(Mt 17,9-12; vgl. Mk 9,9ff)

Tod und Auferstehung des Menschensohnes sind also der Ort, an dem sich die Dreifaltigkeit der Welt endgültig als erlösende, rettende Liebe offenbart: „Nicht darin besteht die Liebe, dass wir Gott geliebt haben, sondern dass er uns geliebt und seinen Sohn als Sühne für unsere Sünden gesandt hat" (1 Joh 4,10).

* * *

Die Erzählung von der Verklärung zeigt uns die Offenbarung der Dreifaltigkeit als Offenbarung der „Herrlichkeit", und sie verweist uns zugleich auf die Vollendung dieser Offenbarung: die äußerste Hingabe der Liebe am Kreuz. Dort schenkt sich „der Schönste von allen Menschen" (Ps 45,3) – im paradoxen Zeichen des Gegenteils – als „Mann voller Schmerzen, mit Krankheit vertraut ..., einer, vor dem man das Gesicht verhüllt" (Jes 53,3). Die Schönheit ist die gekreuzigte Liebe, Offenbarung des liebenden Herzens Gottes; Offenbarung des Vaters als Quell jeder Gabe; Offenbarung des Sohnes, der aus Liebe zu uns in den Tod gegeben wird; Offenbarung des Geistes, der Vater und Sohn vereint und auf die Menschen ausgegossen wird, um die Gottfernen in die unergründlichen Tiefen der göttlichen Liebe zu führen.

Begleiten wir die Jünger auf dem Weg, den Jesus ihnen auf dem Berg gezeigt hat: Betrachten wir mit ihnen die Herrlichkeit Gottes, die göttliche Schönheit in Kreuz und Auferstehung des Menschensohnes – vom Karfreitag, der Stunde der Finsternis, in der die Schönheit gekreuzigt ist, bis zum Glanz des Ostermorgens.

Ich würde mir wünschen, dass sich dieser Weg nicht darauf beschränkt, sich eine Reihe biblischer Zitate in Erinnerung zu rufen, sondern dass er für einen jeden wie ein Gang durchs Feuer wird: Gehen wir diesen Weg aus persönlichem Entschluss, mit Entschiedenheit, mit Furcht und Zittern, und lassen wir uns entbrennen und verzehren vom Feuer der göttlichen Liebe.

Die gekreuzigte Schönheit: Der Karfreitag und das „Heute" menschlichen Leids

Das Kreuz ist die Offenbarung der Dreifaltigkeit in der Stunde der „Hingabe" und der Verlassenheit.

Der Vater ist es, der den Sohn für uns dem Tod preisgibt;

der Sohn ist es, der sich selbst hingibt aus Liebe zu uns;

der Geist ist der Tröster in der Verlassenheit, die „Gabe" des Sohnes an den Vater und des Vaters an den Sohn: Der Sohn „übergibt" ihn in der Kreuzesstunde dem Vater: „Er neigte das Haupt und gab seinen Geist auf [bzw.: und übergab seinen Geist]" (Joh 19,30; vgl. Hebr 9,14); der Vater gibt ihn dem Sohn in der Auferweckung (vgl. Röm 1,4).

Am Kreuz finden Schmerz und Tod Eingang in Gott – aus Liebe zu denen ohne Gott. Das göttliche Leiden, der Tod in Gott, die Schwachheit des Allmächtigen sind ihrerseits Offenbarungen seiner Liebe zu den Menschen. Diese unglaubliche und behutsame, unaufdringliche Liebe, diese so anziehende, ergreifende Liebe ist es, in der sich die wahre Schönheit, die erlösende Schönheit zum Ausdruck bringt. Diese Liebe ist ein verzehrendes Feuer, dem man nicht widerstehen kann, es sei denn in hartnäckigem Unglauben oder durch die beharrliche Weigerung, vor ihrem Geheimnis zu schweigen, anders gesagt: durch die Ablehnung der „kontemplativen Dimension des Lebens".

Gewiss gibt der Gott der Christen auf diese Weise keine theoretische Antwort auf die Frage nach dem Warum des Leids in der Welt. Er bietet sich einfach selber an, hält sich hin als „Wächter", als „Schoß", in dem dieses Leid aufgehoben ist; er ist der Gott, der keine einzige Träne seiner Kinder verloren gehen lässt; denn er macht sie sich zu eigen. Er ist ein naher Gott, der in seiner Nähe seine barmherzige Liebe und treue Zärtlichkeit offenbart. Er lädt uns ein, einzudringen ins Herz des Sohnes, der sich vertrauensvoll dem Vater überlässt, damit wir uns „drinnen" fühlen im Geheimnis der Dreifaltigkeit.

Der Sohn ist der große Gefährte allen menschlichen Leids. Ihn können wir in jedem Leid erkennen, vor allem im Leiden des Unschuldigen. Gerade solches Leiden fordert den unermüdlichen Einsatz heraus; denken wir etwa an Don Carlo Gnocchi und sein Wirken für „seine" Versehrten und Behinderten. Das Antlitz, „vor dem man das Gesicht verhüllt" (Jes 53,3), erscheint als ein schönes Antlitz: Mit welcher Zärtlichkeit hat etwa eine Mutter Teresa dieses Antlitz in ihren Armen und Sterbenden betrachtet ...

Der Glanz der Schönheit: Ostern und das Heil der Welt

An Ostern leuchtet die rettende Schönheit auf, die göttliche Liebe durchströmt die Welt. Im Auferstandenen, vom Vater in Fülle mit dem Geist des Lebens beschenkt, ist das Schweigen des Todes besiegt. In ihm ist uns die Gestalt des „neuen Menschen" gegeben, der ganz und gar dem Plan Gottes entspricht. Doch nicht nur das: In ihm, dem Auferstandenen, vollendet sich auch der radikale „Exodus" von Gott zum Menschen und vom Menschen zu Gott. In ihm geschieht jene Öffnung über sich selbst hinaus, nach der das menschliche Herz verlangt. Wenn wir uns im Glauben das Ostergeschehen zu eigen machen, werden auch wir hineingezogen in diese Bewegung, die uns über uns hinausführt und bewirkt, dass wir uns selbst vergessen. So werden wir kosten, wie schön es ist, sich selbst „umsonst", ohne Gegengabe hinzuschenken.[6]

Die Begegnung mit der erlösenden Schönheit: Die Erzählungen von den Erscheinungen des Auferstandenen

Die Offenbarung der Dreifaltigkeit als erlösende göttliche Schönheit erreicht das Leben der Jünger in der Begegnung mit dem Auferstandenen. Diese Begegnungen sind uns in den Erzählungen von den Erscheinungen bezeugt.

Bei aller chronologischen und geografischen Verschiedenheit dieser Szenen wird ein immer wiederkehrendes Grundmuster deutlich: Es ist der Auferstandene, der die Initiative ergreift und sich als Lebender zeigt (vgl. Apg 1,3). Die Begegnung ist etwas, was uns gewissermaßen „von außen" ereilt. Eine Geste, ein Wort des Auferstandenen erreicht die Menschen.

Heute geschieht dies im Tun und im Wort der Kirche, die den Auferstandenen verkündet. Gesten und Worte wecken freudige Überraschung, lassen jubeln über die Herrlichkeit des Auferstandenen. Sie schenken die tröstliche Gewissheit, dass wir so sehr geliebt sind, und wecken den Wunsch, sich dem zu schenken, der uns ruft, an seiner Lebensfülle teilzuhaben. Freudig möchte man einstimmen in das frohe Bekenntnis des Glaubens:

„Es ist der Herr!" *(Joh 21,7)*;

„Mein Herr und mein Gott!" *(Joh 20,28)*

Wer dem Auferstandenen begegnet ist, wird von ihm gesandt, sein Zeuge zu sein: Die österliche Begegnung verwandelt das Leben derer, die ihn erfahren haben. Diejenigen, die am Karfreitag voll Angst die Flucht ergriffen haben, werden zu mutigen Zeugen von Ostern. Sie sind sogar bereit, für das Bekenntnis zu ihrem Herrn ihr Leben hinzugeben. Sein Glanz hat ihnen buchstäblich das Herz geraubt und sie zu Verkündern des großen Geschenkes Gottes gemacht. Sie, die das Heil erfahren und seine Schönheit und Freude „geschmeckt" haben, verspüren den unwiderstehlichen Wunsch, andere an der empfangenen Gabe teilhaben zu lassen.

Von der erlösenden Liebe verwandelt, werden die Jüngerinnen und Jünger Zeugen dieser Verwandlung: Die Schönheit, die sie geradezu entrückt, über sich hinausgeführt hat, wird zur Triebfeder, allen umsonst zu geben, was sie selbst umsonst empfangen haben.

Der „schöne Hirte" und die Kirche der Liebe

Zeuge der erlösenden Schönheit wird jemand, wenn er sie immer wieder und je neu erfährt. Wie, das zeigt uns Jesus selbst. Im Johannes-Evangelium stellt er sich vor als „der schöne Hirte", wie es im griechischen Urtext heißt (die gängige Übersetzung lautet „der gute Hirt"):

> „Ich bin der schöne Hirt. Der schöne Hirt gibt sein Leben für die Schafe ... Ich bin der schöne Hirt; ich kenne die Meinen und die Meinen kennen mich, wie mich der Vater kennt und ich den Vater kenne; und ich gebe mein Leben hin für die Schafe."
> *(Joh 10,11.14f)*

Die Schönheit des Hirten ist die Liebe, mit der er sich für jedes seiner Schafe in den Tod gibt und mit jedem eine unmittelbare, persönliche Beziehung tiefster Liebe knüpft. Das heißt: Seine Schönheit erfährt, wer sich von ihm lieben lässt und ihm sein ganzes Herz schenkt, damit er es mit seiner Gegenwart durchströme. Seine Schönheit erfährt, wer auf die empfangene Liebe antwortet mit jener Liebe, zu der Jesus selbst uns befähigt.

Der „Ort", an dem diese Begegnung mit dem Hirten, die Begegnung mit der schönen, Leben schenkenden Liebe geschehen kann, ist die Kirche: In ihr spricht der schöne Hirte ins Herz seiner Schafe; in den Sakramenten vergegenwärtigt er seine Lebenshingabe für uns. In der Kirche haben die Jüngerinnen und Jünger Zugang zum Wort; in den Sakramenten und in der Liebe, die in der Gemeinschaft lebendig ist, erfahren sie die Freude, von Gott geliebt und mit Christus im Herzen des Vaters geborgen zu sein. Die Kirche ist in diesem Sinn „die Kirche der Liebe", die Gemeinschaft der erlösenden Schönheit. Ihr anzugehören mit ganzem Herzen, glaubend und liebend, das ist eine freudige, schöne Erfahrung, wie nichts und niemand sonst auf der Welt sie vermitteln kann. Berufen zu sein, dieser Kirche mit seiner ganzen Existenz zu dienen, im Priestertum oder im geweihten Leben, das ist ein so schönes, kostbares Geschenk, dass man mit dem Psalmisten ausrufen möchte:

> „Auf schönem Land fiel mir mein Anteil zu.
> Ja, mein Erbe gefällt mir gut."
> *(Ps 16,6)*

Im Leben der Heiligen wird diese Erfahrung greifbar. Sie haben nicht nur an den „schönen Hirten" geglaubt, haben ihn nicht nur geliebt, sondern vor allem haben sie sich von ihm lieben und formen *lassen*. Seine Liebe ist die ihre geworden; seine Schönheit hat sie innerlich ergriffen und ist aufgestrahlt in ihrem Tun.

Wenn die Kirche der Liebe ganz ihrer Identität gemäß lebt, wenn sie also als die vom schönen Hirten versammelte Gemeinschaft lebt, dann zeigt sie sich als lebendige „Ikone" der Dreifaltigkeit. Dann verkündet sie der Welt die erlösende Schönheit. Dies ist die Kirche, die in uns den Glauben gezeugt und unser Herz immer wieder *schön* gemacht hat durch das Licht des Gotteswortes, durch die göttliche Vergebung, durch die Kraft des Lebensbrotes. Diese Kirche möchten wir sein: eine Kirche, die offen ist für die Herrlichkeit Gottes, für den Glanz aus der Höhe. Wenn dieser Glanz in unseren Gemeinschaften „wohnt", dann vermag die Kirche die Menschen anzuziehen und Ziel jener „Völkerwallfahrt" zu werden, von der die Propheten in einer großartigen Vision des endzeitlichen Heils gesprochen haben:

> „Am Ende der Tage wird es geschehen:
> Der Berg mit dem Haus des Herrn
> steht fest gegündet als höchster der Berge;
> er überragt alle Hügel.
> Zu ihm strömen alle Völker.
> Viele Nationen machen sich auf den Weg;
> sie sagen:
> Kommt, wir ziehen hinauf zum Berg des Herrn
> und zum Haus des Gottes Jakob.
> Er zeige uns seine Wege,
> auf seinen Pfaden wollen wir gehen."
> *(Jes 2,2-3; vgl. Mi 4,1-3; Sach 8,20ff; Jes 56,6ff; 60,11-14)*

III

Zeugen der erlösenden Schönheit

Der Abstieg vom Berg und die Einladung: „Steht auf, habt keine Angst!

Wie reagieren die Jünger auf die Verklärung, die sie erleben durften? Sie wollen die Schönheit, die sie erfahren haben, festhalten:

„Meister, es ist schön, dass wir hier sind.
Wir wollen drei Hütten bauen,
eine für dich, eine für Mose und eine für Elija."
(Lk 9,33)

Doch diese Schönheit ist nicht Besitz, sondern Geschenk. Und als solches will sie geschenkt, weitergegeben, nicht aber für sich behalten werden. Jesus geht auf die Jünger zu, die sich, von großer Furcht ergriffen, anbetend zu Boden geworfen haben, er fasst sie an und sagt:

„Steht auf, habt keine Angst!" *(Mt 17,7)*

Es ist eine Einladung, ohne Angst vom Berg hinabzusteigen, zurückzukehren ins „normale Leben" – und sich mit Jesus auf die große Reise zu begeben, die ihn, den Menschensohn, nach Jerusalem führt, um zu erfüllen, wozu er gekommen ist.

„Steht auf, habt keine Angst!"

Diese Einladung richtet sich auch an uns. Auch wir sollen unseren Weg ohne Angst fortsetzen: den Weg zum Himmlischen Jerusalem. Denn wir dürfen wissen: Er ist bei uns. Und darum ist das Leben schön. Darum ist es schön, sich für das Gottesreich einzusetzen.

„Steht auf, habt keine Angst!"

Es ist die Einladung, die erlösende Schönheit anzunehmen, zu verkünden und mit allen zu teilen. Die Schönheit Gottes wiederentdecken bedeutet für uns auch, im Angesicht des verheerenden Bösen in der Welt neu den Grund unseres Glaubens zu erkennen und die tiefsten Beweggründe wiederzufinden, uns zur Ehre Gottes im Dienst an den Menschen zu engagieren. Wer die Erfahrung der Schönheit macht, die auf dem Tabor erschienen ist und sich im Pascha-Mysterium, im Geheimnis von Kreuz und Auferstehung vollendet hat, wer der Verkündigung des Wortes glaubt und sich mit dem Vater versöhnen lässt in der Gemeinschaft der Kirche, der entdeckt die Schönheit des Lebens – in einer Art und Weise, wie nichts und niemand auf der Welt sie vermitteln kann.

Von dieser Schönheit, die von oben kommt, müssen sich die Jüngerinnen und Jünger Jesu nähren. Je neu sind sie gerufen, sie zu verkünden, um sie zusammen mit denen zu erfahren, die sie noch nicht kennen und auf alle mögliche Weise danach suchen. Diese Einladung ergeht besonders in dem „Jahr der Gnade und Erneuerung", im Jubeljahr 2000 an uns. Im Namen Jesu, des Gekreuzigten und Auferstandenen, möchte ich allen das Wort zusprechen, das vom Tabor her widerhallt: „Steht auf, habt keine Angst!"

Ich möchte alle einladen, diese Erfahrung zu machen: die Erfahrung der göttlichen Gabe, der wahren, erlösenden Schönheit. Aber auch dazu, diese Gabe mit Worten und mit dem Leben zu verkünden, um mit allen teilzuhaben am Glanz des Wahren und des Guten, am Licht der göttlichen Schönheit.

Ermutigt durch die Ikone der Verklärung, die mich bewogen hat, die Offenbarung der Dreifaltigkeit und ihrer Schönheit zu betrachten, möchte ich mit möglichst vielen ausrufen: „Herr, es ist schön für uns, bei dir zu sein." Ich wünsche mir, dass diese Erfahrung der Gnade uns anspornt, unsere Berufung und unsere Sendung mit wachsender Freude zu leben.

Besonders meine Brüder im priesterlichen Dienst möchte ich daran erinnern, wie Paulus die uns anvertraute Aufgabe umreißt:

> „Wir sind Helfer zu eurer Freude."
> *(2 Kor 1,24)*

Den gottgeweihten Menschen möchte ich in Erinnerung rufen, was Johannes Paul II. ihnen, ausgehend von der Verklärung Jesu, geschrieben hat:

> „Wer von der Macht des Heiligen Geistes stufenweise zur vollkommenen Gleichgestaltung mit Christus geführt wird, spiegelt in sich einen Strahl des unerreichbaren Lichtes wider und geht auf seinem irdischen Pilgerweg bis zur unerschöpflichen Quelle des Lichtes. So wird das geweihte Leben zu einem besonders tiefen Ausdruck für die Kirche als Braut, die, vom Geist geführt, in sich die Wesenszüge des Bräutigams wiederzugeben, ‚herrlich, ohne Flecken, Falten oder andere Fehler, heilig und makellos' vor ihm erscheint (Eph 5,27)."[7]

Die erlösende Schönheit erfahren: Umkehr und Versöhnung

Die erlösende Schönheit erfahren beinhaltet, den Weg des Glaubens zu beschreiten und besonders das persönliche und liturgische Gebet zu suchen. Es kommt darauf an, dass wir es vollziehen als Gebet zu Gott im Heiligen Geist, dass wir durch den Sohn zum Vater gehen und alles von ihm empfangen. Hier machen wir die Erfahrung, dass wir geliebt und erlöst sind; dass wir ganz und gar ihm, dem lebendigen Gott, gehören und in seiner Hand sind; dass wir mit Christus verborgen sind in den Beziehungen der Liebe der Dreifaltigkeit. Eine solche Erfahrung wird angestoßen durch die Bekehrung des Herzens und die Versöhnung mit Gott und mit der Gemeinschaft.

Die Schönheit der göttlichen Liebe führt, wenn man sie einmal in der Tiefe des Herzens erfahren hat, von selbst zur Überwindung des Individualismus. Dieser ist leider auch unter den Christen weit verbreitet. Die göttliche Schönheit lässt uns neu entdecken, wie wertvoll das „Wir" in unserem Leben ist, sowohl auf der Ebene der kirchlichen Gemeinschaft wie in den Familien und überall, wo wir als Gläubige in Beziehung mit anderen stehen. Besonders müsste die Schönheit der Beziehung untereinander aufleuchten in den Gemeinschaften geweihten Lebens; denn gerade sie sind berufen, eine Ikone der Gemeinschaft der ganzen Kirche zu sein, die ja in der Gemeinschaft der göttlichen Dreifaltigkeit gegründet ist.

Auch in der Liturgie müsste diese Schönheit aufscheinen. Wie wichtig ist eine liturgische Feier, deren Zeiten, Handlungen, Worte und Geräte etwas von der Schönheit des göttlichen Geheimnisses widerspiegeln!

In der Mitte jeder Eucharistiefeier erklingt der Ruf „Geheimnis des Glaubens“: Ausdruck des Staunens, das den Betenden erfasst, wenn der Glanz der Wahrheit sich ihm in seiner Fülle manifestiert. Beim Abendmahl hat der Herr Jesus seinen Aposteln aufgetragen: „Tut dies zu meinem Gedächtnis.“ Wo dies geschieht, gehen uns die Augen auf wie einst den Emmausjüngern:

> „Als Jesus mit ihnen bei Tisch war, nahm er das Brot, sprach den Lobpreis, brach das Brot und gab es ihnen. Da gingen ihnen die Augen auf, und sie erkannten ihn.“
> *(Lk 24,30f)*

Voll Verwunderung und Dankbarkeit bekennen wir das große Geheimnis unseres Glaubens (vgl. 1 Tim 3,16). Die Schönheit enthüllt sich im Geheimnis Christi, das im Pascha seinen Höhepunkt erreicht und in der eucharistischen Feier erinnernd vergegenwärtigt wird. Dieses Bewusstsein drängt dazu, angemessen zu zelebrieren. Der Rhythmus von Wort, Schweigen, Gesang, Musik und Tun im liturgischen Ritus trägt dazu bei, dass die Feier zu einer wirklich geistlichen Erfahrung wird.

Die erlösende Schönheit verkünden

Gerade am Beginn des neuen Millenniums kann die Begegnung mit der göttlichen Schönheit eine neue missionarische Leidenschaft wecken – in vielerlei Gestalt: im Verkündigen der Schönheit der göttlichen Dreifaltigkeit, in der Hinführung zu ihrer Erfahrung, im Zeugnis der Liebe, die ihr entspringt, im Einsatz für die Gerechtigkeit, in der Erziehung der Jugend zu solchen Werten ... All dies sind Aufgaben, die der „Abstieg vom Berg" beinhaltet.

Auch die Kunst ist eine Verkündigung der erlösenden Schönheit:

> „Jede echte Inspiration ... enthält etwas von dem Rauschen jenes ‚Hauches', mit dem der Schöpfergeist von Anbeginn das Schöpfungswerk durchdrang. Während er über die geheimnisvollen Gesetze wacht, die das Universum lenken, trifft der göttliche Hauch des Schöpfergeistes mit dem Geist des Menschen zusammen und stimuliert dessen schöpferische Begabung. Er erreicht den menschlichen Geist durch eine Art innere Erleuchtung, welche die Anlage des Guten und des Schönen miteinander verbindet, und weckt in ihm die Kräfte des Verstandes und des Herzens, während er ihn dazu befähigt, eine Idee zu konzipieren und ihr im Kunstwerk Gestalt zu geben. Man spricht dann zu Recht, wenngleich in analoger Weise, von ‚Gnadenmomenten', weil der Mensch die Möglichkeit hat, eine Erfahrung des ihn übersteigenden Absoluten zu machen."
>
> *(Johannes Paul II., Brief an die Künstler, Nr. 15)*

Hervorheben möchte ich die Bedeutung der sakralen Architektur und Ikonografie. Der Wunsch, dass sie den Stempel der Schönheit tragen, gründet im Wissen um ihre Hauptaufgabe: Zeugnis zu geben für das Einbrechen der göttlichen Gnade in unseren Alltag. Wenn sie veraltet, allzu ausgefallen oder stereotyp sind, vermögen sie nicht jene Emotionen zu wecken, die dem Geheimnis, auf das sie verweisen sollen, eigen sind; sie bewegen nicht und führen nicht zum Lobpreis. Hingegen sollten sie durch ihre Schönheit wie ein Pfeil ins Innere der Menschen dringen und zur Kontemplation führen.

Mit allen die Suche und die Gabe der Schönheit teilen

Hinhören auf die tiefen Fragen des menschlichen Herzens bedeutet auch, ein Gespür zu haben für jede Sehnsucht nach Schönheit, wo immer sie sich findet. Wir sind alle auf dem Weg, auf der Suche nach der erlösenden Schönheit, und es geht darum, dass wir diesen Weg gemeinsam gehen.

Das Engagement für die Ökumene, der Dialog zwischen den Konfessionen und zwischen den Religionen sind ein Gebot der Stunde. Respekt vor der Schönheit beinhaltet auch Engagement für Gerechtigkeit, Frieden und Bewahrung der Schöpfung; sie zu fördern ist unser aller Aufgabe. Der Dialog mit den Nichtgläubigen verdient an dieser Stelle besondere Erwähnung: Er ist eine wertvolle Erfahrung, eine Form der gemeinsamen Suche nach der erlösenden Schönheit.

Die Gabe der Schönheit teilen bedeutet zudem, das „umsonst" der Liebe zu leben. Denn die ungeschuldete Liebe ist die Schönheit, die ausstrahlt und den verwandelt, den sie erreicht.

In der Liebe gibt es keine Abhängigkeitsverhältnisse zwischen Empfangenden und Gebenden. Liebe ist wechselseitiger Austausch – in der gemeinsamen Teilhabe an der großen Gabe für alle: der gekreuzigten und auferstandenen Schönheit, der erlösenden göttlichen Liebe.

Daher ist es auch wichtig, dass wir den Wert des Anderen, des von uns Verschiedenen entdecken. Das „Modell" sind die gegenseitigen Beziehungen unter den drei göttlichen Personen: Der andere ist nicht Konkurrent oder Abhängiger, sondern gerade in seiner Verschiedenheit eine Bereicherung und eine Gnade.

* * *

Die drei genannten Elemente bzw. Dimensionen gehören eng zusammen, bilden eine Einheit:

- die sakramentale Erfahrung der erlösenden Schönheit;
- das Hören auf das Wort, das sie verkündet;
- das gemeinsame Teilhaben an ihr in der Liebe.

Wichtig ist, dass wir all diese Elemente im Blick haben – nicht zuletzt in diesem „Jubeljahr". Es ist eine Chance, die wir nicht vertun sollten. Mühen wir uns also, unser Leben und die Geschichte neu im Lichte der Dreifaltigkeit zu verstehen. Gehen wir in „die Schule des Wortes Gottes", das verkündet und gehört wird. Nähren wir uns von den Leben schenkenden Sakramenten, entdecken wir wieder ihren großen Wert als Orte der Begegnung mit der erlösenden Schönheit. Versuchen wir, die Gabe dieser Schönheit mit allen zu teilen.

Liturgie und geistliches Leben, Katechese und Evangelisierung, Dialog und Dienst der Liebe könnten neuen Schwung bekommen, wenn wir wieder der Schönheit Gottes begegnen. Das Jahr 2.000 kann eine wichtige Wegetappe sein: vielleicht eine Art Tabor ...

Schlussbetrachtung

Besinnung auf das Wirken Gottes: Die Ikone der Verkündigung

Wir haben versucht, unsere Zeit im Licht des Pascha-Mysteriums, der Offenbarung der Dreifaltigkeit zu deuten. Eine biblische Ikone bietet sich als Abschluss an; sie kann uns helfen, die Widerstände, die zahlreichen Negierungen der Schönheit zu überwinden: die Verkündigungsszene aus dem Lukas-Evangelium.

> „Im sechsten Monat wurde der Engel Gabriel von Gott in eine Stadt in Galiläa namens Nazaret zu einer Jungfrau gesandt. Sie war mit einem Mann namens Josef verlobt, der aus dem Haus David stammte. Der Name der Jungfrau war Maria. Der Engel trat bei ihr ein und sagte: Sei gegrüßt, du Begnadete, der Herr ist mit dir. Sie erschrak über die Anrede und überlegte, was dieser Gruß zu bedeuten habe. Da sagte der Engel zu ihr: Fürchte dich nicht, Maria; denn du hast bei Gott Gnade gefunden. Du wirst ein Kind gebären: dem sollst du den Na-

men Jesus geben. Er wird groß sein und Sohn des Höchsten genannt werden. Gott, der Herr, wird ihm den Thron seines Vaters David geben. Er wird über das Haus Jakob in Ewigkeit herrschen, und seine Herrschaft wird kein Ende haben. Maria sagte zu dem Engel: Wie soll das geschehen, da ich keinen Mann erkenne? Der Engel antwortete ihr: Der Heilige Geist wird über dich kommen, und die Kraft des Höchsten wird dich überschatten. Deshalb wird auch das Kind heilig und Sohn Gottes genannt werden. Auch Elisabet, deine Verwandte, hat noch in ihrem Alter einen Sohn empfangen; obwohl sie als unfruchtbar galt, ist sie jetzt schon im sechsten Monat. Denn für Gott ist nichts unmöglich. Da sagte Maria: Ich bin die Magd des Herrn; mir geschehe, wie du es gesagt hast." *(Lk 1,26-38)*

Maria ist die Gestalt des Gläubigen, der dem Geheimnis Gottes als Hörender begegnet – auch dann, wenn seine Ratschlüsse unerforschlich sind: „Wie soll das geschehen, da ich keinen Mann erkenne?" (Vers 34). Maria fragt, aber sie zweifelt nicht: Sie will sich vom Herrn führen lassen auf *seinen* Wegen. Schon jetzt ist sie die Frau des Karfreitags, der – wie Simeon ihr vorhersagt – ein Schwert durch die Seele dringen wird (vgl. Lk 2,35) am Fuße des Kreuzes ihres Sohnes (vgl. Joh 19,25-27). Schon jetzt ist sie die Frau des Karsamstags, die einzige, die den Glauben bewahrt, als Gott schweigt und im Kampf mit den Mächten dieser Welt unterlegen scheint. Aber sie ist auch schon die Frau der Versöhnung: die Jungfrau, die umschattet wird vom Allerhöchsten, um das Wort Gottes, den Logos, „im Fleische" zu empfangen; sie ist hineingenommen in die Beziehung zwischen Gott dem Vater und dem Sohn, den sie kraft des Heiligen Geistes empfängt.

In allem ist Maria uns nah, in der Zerbrechlichkeit unserer geschöpflichen Existenz wie in der schmerzlichen Erfahrung, ihren Sohn auf dem Weg zum Kreuz begleiten zu müssen. Darin aber ist Maria die Frau, die mit dem Ja ihres Glaubens die Gegenwart zum „Heute Gottes" werden lässt. Sie „bewahrte alles ... in ihrem Herzen und dachte darüber nach" (Lk 2,19). Anders – und näher am griechischen Original gesagt: Sie bewegte alles hin und her, stellte das eine in Beziehung zum andern und alles in Beziehung zum Geheimnis Gottes. In der Verkündigungsszene lehrt uns Maria, unser „Heute" im Licht der Dreifaltigkeit zu lesen: Der dreifaltige Gott umfängt auch *unsere* Gegenwart. Maria lehrt uns, im Pascha-Mysterium von Tod und Auferstehung die geheimnisvolle Schönheit zu erkennen, die unsere Zeit und alle Jahrhunderte erhellt – vor allem die zwei Jahrtausende, die uns vom ersten Kommen des ewigen Gottes in die Geschichte trennen.

Auf die Fürsprache der Jungfrau Maria, der Hörenden, der Mutter der Schönen Liebe, bitten wir um die Gabe, in jedem Menschen, in jeder Lebenslage und in der Geschichte die Gegenwart der dreifaltigen Liebe Gottes erkennen zu können. Seine Liebe, die alles, was ist, trägt und erhält.

Es geht also darum, in einer Art Kontemplation zu leben, damit wir von der Liebe erfüllt werden. Dazu rät auch Ignatius von Loyola in seinen *Geistlichen Übungen* (Nrr. 230-237).

Dann werden wir erkennen und bekunden können, dass Gott, die Liebe, in allem gegenwärtig ist – als einer, der sich uns hingibt und schenkt und darin der letzte Bezugspunkt aller Werte ist. Auf diesen kontemplativen Blick auf Gott-Liebe war mein ganzer bischöflicher Dienst gerichtet.

Denn ich bin überzeugt: Das größte Geschenk, das wir annehmen und weitergeben können, ist die Herrlichkeit Gottes und die Fähigkeit, sie zu jeder Zeit zu erkennen und zu bezeugen.

Anhang

Anstöße zur persönlichen und gemeinschaftlichen Reflexion

Zu: *Vorbemerkung: Zur Methode (S. 17ff)*

– Verspüre ich den Wunsch, tiefer in das Geheimnis der Dreifaltigkeit einzudringen und eine persönliche Beziehung dazu zu finden?
– Versuche ich hin und wieder, mich ganz in Christus hineinzugeben? Danke ich in ihm und mit ihm dem Vater? Überlasse ich mich vertrauensvoll seinem Willen – auch in schwierigen Momenten?
– Vertraue ich auf die Gnade des Heiligen Geistes?

Zu Kapitel I: *Welche Schönheit rettet die Welt? Der Aufstieg zum Tabor und die Fragen der Jünger (S. 27ff)*

– Welche Fragen bewegen mich, bewegen uns an der Jahrtausendwende? Welche der genannten Fragen gehen mir am meisten nach?

– Welche anderen Fragen haben wir im Herzen – auf moralischem, gesellschaftlichem, religiösem Gebiet?
– Tragen wir diese Fragen im Gebet vor Gott, damit er uns Licht gibt, oder tragen wir sie allein als eine Last mit uns, ohne Hoffnung auf Antwort?

Zu Kapitel II: *Die Offenbarung der erlösenden Schönheit. Die Verklärung, die Dreifaltigkeit und das Geheimnis von Jesu Tod und Auferstehung (S. 39ff)*

– Kann ich im Gekreuzigten etwas von der Schönheit der erlösenden Liebe entdecken? Erkenne ich in den Erscheinungen des Auferstandenen den Widerschein der Schönheit Gottes und weiß ich darum, dass dies seit der Taufe auch mein eigenes Leben berührt?
– Sehe ich in der Kirche nur das Äußere, oft allzu Menschliche, das Deprimierende? Oder bemühe ich mich darum, die Gegenwart des „schönen Hirten" wahrzunehmen, der die Menschheit trotz all unserer Schwäche der Fülle des Gottesreiches entgegen führt?

Zu Kapitel III: *Zeugen der erlösenden Schönheit. Der Abstieg vom Berg (S. 55ff)*

– Empfinde ich, wie schön es ist, sich mit Gott, mit der Gemeinschaft, mit den Schwestern und Brüdern im Glauben zu versöhnen? Lasse ich mich von der Freude über die Verkündigung des Evangeliums ergreifen?
– Wie trage ich dazu bei, dass die Liturgie, an der ich teilnehme, schön und anziehend wird? (Es wäre schon viel, wenn die Gläubigen gemeinsam antworten und mit einer Stimme singen würden!)
– Welche Vorsätze könnten wir als Einzelne und als Gemeinschaft fassen?

Wieder bei der Schönheit ansetzen

Aus: Hans Urs von Balthasar, Herrlichkeit

Zum theologischen Programm seiner Trilogie Herrlichkeit, Theodramatik *und* Theologik *schreibt Hans Urs von Balthasar im Vorwort des ersten Bandes von „Herrlichkeit":*

„Versucht wird hier, die christliche Theologie unter dem Licht des dritten Transzendentale [des Schönen] zu entfalten: die Sicht des Verum [Wahren] und des Bonum [Guten] zu ergänzen durch die des Pulchrum [Schönen]. Die Hinführung wird zeigen, welche Verarmung aus dem immer stärkeren Verlust dieses Gesichtspunktes dem christlichen Denken erwachsen ist, der einst die Theologie so machtvoll durchgestaltet hat. Es geht also nicht darum, sie hier auf Grund eines Spleens auf ein unbefahrenes Nebengeleise zu schieben, sondern darum, sie viel eher auf ein verlassenes Hauptgeleise zurückzubringen, ohne dass damit behauptet sein will, der ästhetische Gesichtspunkt solle, an Stelle des logischen und

ethischen, sie künftig beherrschen. Doch sind die Tranzendentalien [das Wahre, Gute und Schöne] nun einmal untrennbar, und das Vernachlässigen des einen kann sich nur verheerend auf die anderen auswirken."
(Hans Urs von Baltasar, Herrlichkeit. Eine theologische Ästhetik. Erster Band: Schau der Gestalt, Einsiedeln, 3. Auflage 1988, S. 9)

* * *

„Schönheit heißt das Wort, das unser erstes sein soll. Schönheit ist das letzte, woran der denkende Verstand sich wagen kann, weil es nur als unfassbarer Glanz das Doppelgestirn des Wahren und Guten und sein unauflösbares Zueinander umspielt, Schönheit, die interesselose, ohne die die alte Welt sich selbst nicht verstehen wollte, die aber von der neuen Welt der Interessen unmerklich-merklich Abschied genommen hat, um sie ihrer Gier und ihrer Traurigkeit zu überlassen. Schönheit, die auch von der Religion nicht mehr geliebt und gehegt wird und die doch, wie eine Maske von deren Antlitz gehoben, darunter Züge freilegt, die für die Menschen undeutbar zu werden drohen. Schönheit, an die wir nicht mehr zu glauben wagen, aus der wir einen Schein gemacht haben, um sie leichter loswerden zu können, Schönheit, die (wie sich heute weist) mindestens ebensoviel Mut und Entscheidungskraft für sich fordert wie Wahrheit und Gutheit, und die sich von den beiden Schwestern nicht trennen und vertreiben lässt, ohne in geheimnisvoller Rache beide mit sich fortzuziehen. ...

In einer Welt ohne Schönheit – auch wenn die Menschen das Wort nicht entbehren können und es dauernd missbrauchend im Munde führen –, in einer Welt, die vielleicht nicht ohne Schönheit wäre, sie aber nicht mehr zu sehen, nicht mehr mit ihr zu rechnen vermag, hat auch das Gute seine Anziehungskraft, die Evidenz seines Getan-werden-Müssens eingebüßt; der Mensch steht davor und fragt sich, warum er es tun soll, und nicht lieber das andere, das Böse. ... In einer Welt, die es sich nicht mehr zutraut, das Schöne zu bejahen, haben die Beweise für die Wahrheit ihre Schlüssigkeit eingebüßt ..." *(ebd. S. 16f)*.

Anmerkungen

1 Fjodor M. Dostejewskij, Der Idiot, Dritter Teil, 5. Kapitel, München 1964, S. 503.

2 Confessiones 10, XXVII.

3 Franz von Assisi, Lobet den Herrn, all seine Werke. Gebete, München-Zürich-Wien, S. 20.

4 Vgl. hierzu Hans Urs von Balthasars Hinführung zu „Herrlichkeit", siehe Anhang, S. 81. Die große Trilogie von Balthasars, *Herrlichkeit, Theodramatik* und *Theologik,* vertieft das Verständnis des göttlichen Mysteriums aus der Perspektive des „Schönen". Seinen vollkommenen Ausdruck findet es im Mensch gewordenen Logos und in seiner in der Geschichte wirkenden Kirche.

5 Vgl. beispielsweise: Katechismus der Katholischen Kirche, München u. a. 1993, Nrr. 238-267; Katholischer Erwachsenenkatechismus. Das Glaubensbekenntnis der Kirche, Kevelaer u. a. 1985, S. 83-85 [Anm. des Übersetzers].

6 Schönheit umfasst, wie die Tradition hervor-

hebt, Ganzheit, Harmonie und Glanz. Alle drei Aspekte scheinen an Ostern, im Auferstandenen auf.
Thomas von Aquin schreibt: „Pulchritudo habet similitudinem cum propriis Filii", „Die Schönheit hat Ähnlichkeit mit dem, was dem Sohn eigen ist." Zur Erläuterung dieser These verweist Thomas darauf, dass Schönheit immer dreierlei beinhalte: *integritas* (Ganzheit), *proportio* (rechtes Verhältnis oder Harmonie der Teile) sowie *claritas* (Glanz; Herrlichkeit). Thomas findet diese drei Elemente wieder im Sohn. So ist etwa das Ganze der Göttlichkeit zugegen und leuchtet auf im „Fragment", in der Menschheit des Erlösers. In Jesus zeigt sich die Schönheit, insofern er – als das vollkommene Bild des Vaters – die Offenbarung des göttlichen Geheimnisses ist, das sich uns zu erkennen gibt und sich von uns lieben lässt. Insofern Jesus die Tür ist, führt er uns hinein in die abgrundtiefe dreifaltige Liebe und teilt uns diese Liebe mit *(vgl. Summa theologiae I, q. 39 a. 8c)*.

Auf der gleichen Linie bewegt sich Johannes Paul II., wenn er in seinem Brief an die Künstler schreibt: „Durch sein Menschwerden hat der Sohn Gottes in die Geschichte der Menschheit den ganzen evangelischen Reichtum der Wahrheit und des Guten eingeführt und damit auch eine neue Dimension der Schönheit enthüllt: Davon ist die evangelische Botschaft bis zum Rand voll" *(Nr. 5)*.

7 Johannes Paul II., Nachsynodales Schreiben „Vita consecrata", 25.3.1996, Nr. 19.

Werke von CARLO MARTINI im Verlag Neue Stadt

DEN WEG ZUM VATER FINDEN
Gott-Vater in einer vaterlosen Gesellschaft
96 Seiten, gebunden, ISBN 3-87996-393-2

SPUREN DES HEILIGEN GEISTES
Beobachtungen und Anstöße
96 Seiten, gebunden, ISBN 3-87996-385-1

DIE KIRCHE
Anregungen zu einem tieferen Verständnis
80 Seiten, gebunden, ISBN 3-87996-326-6

DIE SAKRAMENTE
Anregungen fürs Leben
96 Seiten, gebunden, ISBN 3-87996-339-8

DU, HERR, WILLST UNS DIE FÜSSE WASCHEN?
Meditationsgedanken zum Evangelium der Fußwaschung
80 Seiten, gebunden, ISBN 3-87996-378-9

VERLAG NEUE STADT MÜNCHEN · ZÜRICH · WIEN